Mamá, ¿qué es una casa de acogida?

Una historia real para niños sobre la trata de personas

Escrito por M.F. Renée

Illustrado por Layken Davey

Este libro está basado en una historia real.

Dedico este libro a Habiba* y a todas las mujeres, hombres y niños de todo el mundo que cuentan la misma desgarradora historia. Que mis palabras sean su voz, la voz de los "Silenciados." A los que todavía están atrapados detrás de puertas cerradas y lugares lejanos, manteneos fuertes. No os rindáis. Os encontraremos. Os rescataremos y os llevaremos a la casa de la luz.

*Los nombres reales han sido modificados para proteger a las personas de esta historia.

¡Consigue tu libro aquí para colorear GRATIS!
https://crimson-sun-6454.ck.page/f4758ldla4

www.culturalstoryweaver.com

Cada lunes, mi madre va a la ciudad a trabajar a una casa de acogida.

"Me gusta trabajar allí", me dijo. "Hablo con las mujeres y los niños, bebo té con ellos, los llevo al mercado y hago bisutería con ellos. Son mis amigos."

"Mamá, ¿qué es una casa de acogida?"

"Es un lugar que protege a hombres, mujeres y niños que han sido heridos. Una casa de acogida acoge a la gente de la calle, como un faro."

Me sentí triste y asustado.

"¿Quién les ha hecho daño?"

"Hay gente en el mundo que compra y vende a hombres, mujeres y niños y les hacen cosas malas."

Mi madre cogió de la parte inferior de mi nueva botella de aqua la pegatina con el precio y la pegó en mi espalda.

"Algunas personas piensan que un ser humano puede estar en venta. Creen que pueden comprar y poseer a una persona como compran y poseen una botella de agua," me explicó mi madre. "Pero las personas no están en venta. Todas las personas fueron creadas para ser libres."

Aun así, me seguí sintiendo triste y asustado.
"¿Qué tipo de cosas malas tienen que hacer?"

"Los hombres, mujeres y niños que son esclavos tienen que hacer un trabajo duro que no quieren hacer. Si no ganan dinero y no hacen el trabajo que sus jefes quieren que hagan, pueden hacerles daño."

"¿Así que esas son las personas a las que ayudas en la casa de acogida? ¿Mujeres y niños que fueron heridos siendo esclavizados?"

"Eso es. La casa de acogida es un lugar donde las mujeres y los niños están protegidos. Allí tienen comida, ropa y un lugar bonito donde vivir. Ya no tienen que trabajar tan duro. Y, sobre todo, ya no tienen que sentir más miedo. Allí son queridos."

Me sentí mejor al saber que esas personas eran ahora libres, estaban protegidas y eran queridas.

"¿Cuánto tiempo viven las mujeres y los niños en la casa de acogida?"

"Normalmente uno o dos años. Necesitan aprender a trabajar y vivir por sí mismos. Lleva tiempo que se sientan mejor y puedan curar sus corazones rotos."

A veces, durante las videollamadas con mi madre, saludaba a su amiga de la casa de acogida, Habiba. Era del Norte de África y era muy simpática.

Hizo pastel de chocolate y cuscús de pollo y verduras para el cumpleaños de mi hermano mayor. Fue muy amable por su parte.

.

Un día, mi madre me invitó a la casa de acogida para celebrar el cumpleaños de Habiba.

"Le encantaría que vinieses."

Estaba asustado y no sabía si quería ir.

"Mamá, ¿a qué se parece la casa de acogida?"

"Es una casa grande, con un salón, una cocina, dos cuartos de baño y cuatro habitaciones. Se parece a nuestra casa."

"¿Cómo es la gente?"

"Se parecen, hablan y actúan como nosotros. Hay tres mujeres y tres niños des diferentes partes del mundo—Marruecos, Nigeria y Colombia. También hay mujeres, como mamá, que trabajan allí cada día."

Estaba nervioso. Pero, nada más conocer a las mujeres de la casa de acogida, descubrí que eran muy amables—como mi madre.

Y los niños eran como yo. Ya no estaba triste ni enfadado.

Esa misma tarde, jugué, bailé, canté, me reí y
comí tarta de cumpleaños con Habiba y las demás.

Todo el mundo estaba alegre y sonreía. Eran una gran familia feliz, que se querían los unos a los otros. Encontraron la libertad en esa casa de luz.

Mientras caminábamos hacia la puerta, pregunté: "Mamá, ¿cuándo puedo volver a la casa de acogida para ver a mis nuevos amigos?"

"Yo también quiero ayudar a esas mujeres y esos niños."

M.F. Renée, es una nómada global que, junto a su marido, francés, sus cuatro hijos y su perro, Samy, es una nómada global, ha viajado a más de treinta países y ha vivido en Estados Unidos, Francia, Marruecos y España. Le encanta viajar, hablar otros idiomas, experimentar diferentes culturas, probar comidas étnicas, conocer a gente de lugares lejanos, y, por supuesto, contar historias. También es la autora de los libros: "The Boy Who Weaves the World," "The Boy of Many Colors," "Our Journey to El Dorado," and "Language Learning Laughs." Visita su página web www.culturalstoryweaver.com

Layken Davey nació en Sudáfrica y creció en Marruecos. Le encantan las historias, de cualquier momento y cualquier lugar, e dibujar personajes y animales—especialmente caballos. Layken también es la ilustradora de "The Boy Who Weaves the World" y "The Boy of Many Colors." Descubre más sobre ella en www.instagram.com/laykendavey/

¡Consigue tu libro aquí para colorear GRATIS!
https://crimson-sun-6454.ck.page/f4758ldla4

Descubre los otros libros para niños de M.F. Renée—que animan a los niños alrededor del globo a explorar el mundo—incluidos . . .

El niño que teje el mundo
El niño de muchos colores

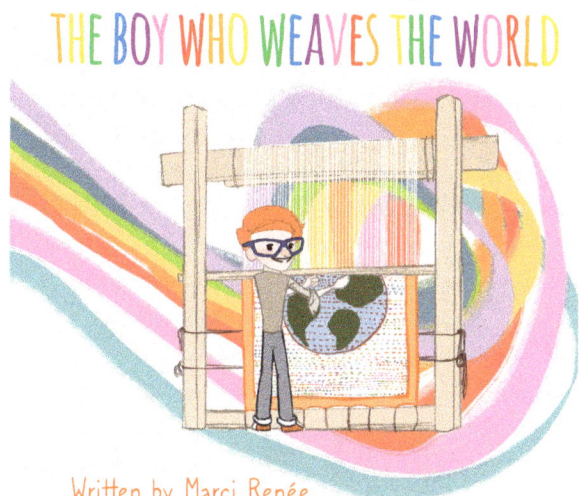

The Boy Who Weaves the World

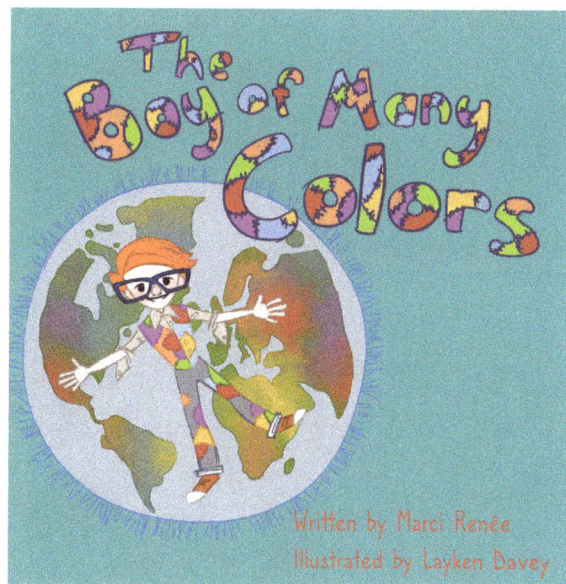

The Boy of Many Colors

www.ingramcontent.com/pod-product-compliance
Lightning Source LLC
Chambersburg PA
CBHW051348290326
41933CB00042B/3339